1

Unser Vater

Klaus J. Uhlmann

Bibliografische Information der Deutschen Nationalbibliothek: Die Deutsche Nationalbibliothek verzeichnet diese Publikation in der Deutschen Nationalbibliografie; detaillierte bibliografische Daten sind im Internet über dnb.dnb.de abrufbar.

© 2006 Klaus J. Uhlmann
Herstellung und Verlag: BoD – Books on Demand, Norderstedt
ISBN 9783753425078

Unser Vater

Matthäus 6, 9-13

Jasmin erlebt ihr „Unser Vater"

Eine Anleitung zur Freude am Beten
für Kleine und Große, für Junge und Alte.

von Klaus J. Uhlmann
Alte Wiefelsteder Str. 9. 26316 Varel
kju.mk@t-online.de

Unser Vater im Himmel

Inhaltsverzeichnis

Vorwort

Liebe Kinder,

Jasmin betet sich mit Hilfe von Papa und Mama in das Gebet der Gebete, in das „Vaterunser". Sie lernt dabei ihren himmlischen Vater als einen „Vater der ganz besonderen Art" kennen und lieben. Sie begreift viel von ihm, je länger sie sich mit ihm beschäftigt. Von ihm, von seiner Liebe, von seinem Anliegen, von seinen Plänen mit den Menschen und auch mit ihr. Sie versucht ihn zu verstehen und versteht dabei auch immer mehr sich selbst - als Mensch und als sein Kind.

Ich wünsche euch das gleiche Erlebnis.

Und wenn ihr etwas nicht versteht - fragt, fragt, fragt. Fragt eure Eltern, eure Großeltern, euren Diakon, eure Sonntagsschullehrerin, euren Konfirmandenlehrer, euren Priester oder Pastor.

Viel Freude und viel Segen beim Lesen und Beten.

Ihr lieben Älteren, liebe Eltern, liebe Großeltern, liebe Vorangänger im Glauben,

wenn wir unsere Kinder beten hören, dann wissen wir, was Jesus meinte: „Wenn ihr nicht werdet wie die Kinder ...", und uns geht das Herz auf. Sie sprechen: einfach, wie sie denken; sie denken: klar und realistisch, wie sie leben; und sie leben: wahrhaftig und ehrlich. Das ist uns fremd geworden und lässt uns vielleicht lächeln - aber wir sollten lernen und begreifen: Unsere Kinder zeigen uns, wie einfach und schön es ist, zu beten.

Und wenn ihr meint, ihr seid für das eine oder andere Gebet schon zu groß, dann formt es um. Und euren eigenen Kindern, Enkeln oder Gemeindekindern seid eine Hilfe bei der Arbeit mit diesem Buch. - Deshalb ist dieses Kinderbuch auch ein Buch für Erwachsene.

Euer Klaus J. Uhlmann

Übrigens: Beim Malen hat Oma Marita geholfen ☺

Unser Vater im Himmel

Lieber Gott,

so hab ich dich eigentlich immer angeredet, wenn ich mit dir gesprochen habe. Manchmal habe ich auch einfach nur „Hallo, Gott" gesagt, und das hast du

sicherlich auch gehört - oder?

Und nun habe ich im Religionsunterricht gelernt, dass ich - genau wie der Herr Jesus - „lieber Vater" zu dir sagen darf. Und mein Papa hat mir das bestätigt. Ich hab das zwar noch nicht richtig begriffen, undich weiß auch noch nicht, wie ich das finde - aber es hört sich irgendwie gut an:

Ich hab im Himmel noch einen Vater, und der hat mich mindestens genauso lieb wie mein Papa, ja vielleicht sogar noch mehr - wenn das überhaupt geht - und das bist du, lieber Gott.

Ist das so ähnlich, als wenn du mich adoptiert hättest? Denn das tut man ja auch nur, wenn man einKind unheimlich lieb hat. In meiner Klasse, der Peter, der hat auch einen Adoptivvater und der ist ganz toll.

Aber dasselbe eigentlich nicht Adoptivvater nur, wenn man Vater mehr hat - ja, und den hab lieb.  kann es ja sein, denn einen bekommt man ja keinen richtigen und den hab ich ich auch ganz doll Und mein Papa hat mir auch noch erzählt, dass du eigentlich für alle Kinder ein himmlischer Vater sein möchtest, weil du alle Kinder gleich lieb hast. Das freut mich besonders auch für meine Freundin Anna, denn die hat einen ziemlich garstigen Papa, der nicht so lieb ist wie meiner. Und auch für die Susanne, deren Vater ist nämlich schon tot. Aber liebst du auch den Heiner? Also, ich kann ihn nicht leiden, weil er immer so frech ist. Mein

Papa sagt, das gäbe es bei dir nicht, dass du jemand nicht leiden könntest – so groß wäre deine Liebe! Das ist stark, ne - das ist unglaublich.
Das finde ich ganz toll, ehrlich.

Und mein Papa meint aber auch, dass es trotzdem viele Kinder gibt, die dich gar nicht als Vater haben wollen, oder dass es Eltern gibt, die das nicht wollen.
Das finde ich eigentlich schade. Bist du traurig darüber? - Bestimmt! - Wär ich auch.

Also ich - ich glaube, ich freue mich, dass ich zu dir auch „lieber Vater" sagen darf; und wenn ich dann merke, dass du mich genauso lieb hast wie mein Papa - vielleicht wirklich sogar noch viel lieber – ich glaube, dann können wir so richtig gute Freunde werden, oder noch viel, viel mehr.

Und dein Sohn, der Herr Jesus, ist dann mein Bruder -
stimmt doch, oder?
Das ist ja wirklich ganz große klasse!

Wir loben Dich für alle Deine Werke!
Hab Dank für Sonne, Mond und Sterne.
Hab Dank für diese wunderbare Erde.

Wir loben Deinen Namen, Deine Stärke!

Wir loben Dich für Licht und Dunkelheiten,
Für alle Tage, schöne Stunden,
Für Lebensjahre und auch für Sekunden.

Lob sei Deinem Namen
für jetzt und alle Zeiten!

Dein Name werde geheiligt

Lieber himmlischer Vater,

auch, wenn mein Papa versucht hat, mir das zu erklären - so ganz genau weiß ich noch nicht, wie ich deinen Namen heiligen soll.

Aber ich stelle mir das ungefähr so vor:
Ich kann es überhaupt nicht leiden, wenn man sich über meinen Papa lustig macht. Manche Kinder sagen „mein Alter" oder sogar „mein blöder Alter", wenn sie von ihrem Vater sprechen. Wenn jemand meinen Vater so nennen würde, wäre ich fürchterlich wütend, und meinem Papa wäre das bestimmt auch nicht recht, vielleicht - nein, bestimmt machte ihn das sogar ärgerlich oder gar traurig. Und ich möchte keinen

ärgerlichen oder gar traurigen Papa haben, weil ich ihn ja ganz, ganz lieb habe.

Ich glaube, das geht dir ganz genau so: Du bist bestimmt auch ärgerlich oder traurig, wenn eins von deinen Kindern so dumm oder so hässlich von dir daher quatscht oder so mit dir spricht.

Also, ich kann mir nicht vorstellen, dass jemand, der dich auch nur ein bisschen lieb hat, dich mit einem Schimpfnamen anredet oder sich mit anderen zum Beispiel lustig über dich macht. Und schon gar nicht jemand, der dich von ganzem Herzen lieb hat — irgendwie kann das alles nicht zusammen passen.

Und noch etwas ist mir eingefallen: Mein Papa hat vor kurzem zu meinem großen Bruder gesagt (Ich glaube,

19

der hatte etwas angestellt!): „Unsere Familie hat einen guten Namen, und jeder in dieser Familie muss dazu beitragen, dass dieser gute Name gut bleibt."

Wenn du unser himmlischer Vater bist, sind wir ja auch deine Kinder, und dann tragen wir auch deinen Namen
- Papa sagt:
Wir sind Gotteskinder. Und dann muss auch jeder dafür sorgen, dass dieser Name ein guter Name bleibt.

Ist das okay so?

Lieber Gott, ich möchte Gerne wissen wie du ausiehst. Und ich bin gespannt wien Flitzebogen wie es im Himmel ist. Schöne Grüße Jasmin

6 Jahre

Dein Reich komme

Lieber himmlischer Vater,

das stelle ich mir wunderschön vor.
Meine Mama hat mir erzählt, dass du dann alles neu machst, was hier bei uns nicht mehr schön ist, oder sogar hässlich und schlimm. Wir sprechen oft in der Schule darüber - über Kriege in der Welt, über Umweltverschmutzung und -zerstörung, über die vielen hungernden Menschen-und so.

Du willst dann einen neuen Himmel machen und eine neue Erde. Ich glaube, dass du das hinkriegst. Wer sollte das sonst können? Denkst du dann bitte auch ganz besonders an uns Kinder?!

Und der da wohnen darf, muss nie mehr Angst haben, hat Mama gesagt, oder Schmerzen haben oder traurig sein oder weinen.

Da wird es dann ganz bestimmt keinen Streit mehr mit Heiner auf dem Schulhof geben; und Mama muss sich keine Sorgen mehr machen um meine kranke Oma; Susannes Mutter kann sich sicher genügend zum Essen und zum Anziehen kaufen. Und Katrins Papa ist dann bestimmt auch lieb.

Und worauf ich mich besonders freue - dass ich dich dann so richtig kennen lernen kann, ich meine so zum Sehen und Anfassen und zum In-den-Arm-Nehmen. O ja, das wünsch ich mir.

Dein Reich soll aber auch jetzt schon in uns sein, sagt Mama - ??? Es soll in uns Gestalt annehmen ???

- Manchmal ist die Sprache, mit der die Erwachsenen uns Kindern von dir und deinem Sohn erzählen, wirklich schwer. Wer soll das denn verstehen?!
Im Kindergottesdienst haben wir gehört, dass wir dafür sorgen, dass der Herr Jesus und du in unserem Herzen wohnen und sich dort wohl fühlen können.

Wenn das damit gemeint ist - dein Reich in uns – das verstehe ich.

Ich bin klein,
mein Herz ist rein.
Soll niemand drin wohnen
als Jesus allein.

Du bist zu groß für dieses Gebet?
Dann versuch es einmal so:
Ich bin klein, mein Herz mach rein.
Soll niemand drin wohnen als Jesus allein.

Du bist auch dafür schon zu groß?
Dann versuch es einmal so:
Mach mich klein, mein Herz mach rein.
Soll niemand drin wohnen als Jesus allein.

Dein Wille geschehe wie im Himmel so auf Erden

Lieber guter himmlischer Vater,

ganz ehrlich - das fällt mir echt schwer, das so zu sagen. Da hab ich auch mit Mama und Papa schon mal Probleme, wenn ich nämlich etwas anderes will, als sie mir gesagt haben.

Im Religionsunterricht haben wir doch gelernt, dass du uns den freien Willen geschenkt hast, damit wir uns in allen Sachen selbst entscheiden können, und dass uns das zum Beispiel von den Tieren unterscheidet.

Meine Mama sagt: Wenn das in meinem Herzen so richtig fest verwurzelt ist, dass du mich so lieb hast wie kein anderer und dass ich dich auch ganz, ganz lieb haben kann und dass ich das allerallergrößte Vertrauen zu dir haben darf, weil du ja wirklich alles kannst und weil du nur das Beste mit mir vorhast - wenn, ja wenn das fest in meinem Herzen ist, dann fällt es mir auch ganz leicht, dich zu bitten: Dein Wille geschehe.

Sie sagt: „Das ist wie bei deinem Opa. Oder glaubst du, dass Opa irgendetwas tun könnte, was nicht gut für dich ist?"

Ich fühle ja, dass meine Mama da recht hat, sie kennt dich ja auch schon viel länger als ich. Und ich hab dich auch ganz toll lieb und riesiges Vertrauen zu dir, ganz bestimmt; und das weißt du ja auch, du weißt schließlich alles.
Aber mein Kopf und meine Gedanken machen mir noch echte Schwierigkeiten. Ich weiß auch, dass mein Papa und meine Mama nur das Beste für mich wollen - aber trotzdem …
Meine Mama sagt, das kann man lernen. Lieber guter himmlischer Vater,

ich will das versuchen, ganz bestimmt. Denn ich will ja auch einmal zu dir in den Himmel, und dahinein kommt nur der, der deinen Willen tut - hat dein Sohn, der Herr Jesus gesagt. Und der muss es ja schließlich wissen — hat Papa gesagt. Vielleicht kannst du mir dabei ein wenig helfen?!

O, da fällt mir etwas ein: Dass es im Himmel so
schön ist - kommt das davon, dass da dein Wille geschieht?
Wenn alle Menschen das hier auf der Erde auch so haben wollten, dann wäre es bei uns vielleicht genau so schön.
Das verstehe ich!

Vertrauen - in deinem Willen geborgen

Unser tägliches Brot gib uns heute

Lieber guter himmlischer Vater,

ja, das weiß ich: Mama kauft zwar unser Brot beim Bäcker um die Ecke, das Fleisch bei Metzger Bührmann, Obst und Gemüse auf dem Wochenmarkt und alles andere im Supermarkt - aber alle diese Kaufleute verteilen nur das, was du uns gibst, womit du die Erde segnest.

So hat Papa mir das erklärt. Denn du hast versprochen, dass Saat und Ernte nicht aufhören sollen - und was du versprichst, das hältst du auch. Hab ich auch gar nicht anders erwartet.

Und Mama sagt, dass es eigentlich überhaupt nicht sein müsste, dass es in anderen Ländern auf unserer Erde so schlimmen Hunger gibt. Wenn ich höre, dass jedes Jahr Millionen von Kindern verhungern müssen,

34

dann kann ich mir das echt gar nicht so richtig vorstellen, aber ich bin dann immer ganz traurig und ich wünsche mir, dass alle sich genauso satt essen können wie ich.

Das wäre schön - genug für alle!

Und ich weiß auch, dass es bei uns Leute gibt, die manchmal nicht genug zum Essen oder zum Anziehen kaufen können - Susannes Mutter zum Beispiel; ich weiß das von Mama, weil die ihr „schon mal unter die Arme greift" - so sagt sie, wenn sie ihr hilft.

Bei uns in der Kirche wird auch gesammelt für die Menschen, die nicht genug zum Leben haben, Geld und Kleider. Aber das weißt du ja.

Und dann gebe ich auch immer was von meinem Taschengeld. Denn mein Papa hat gesagt, dass wir dankbar sein müssten, dass wir genug zu essen haben – selbstverständlich wäre das nämlich nicht.
Aber ich bin auch dankbar, auch wenn er mir das nicht

gesagt hätte - ehrlich.

Lieber guter himmlischer Vater,

danke schön, dass wir genug zu essen haben. Danke schön, dass ich mit Mama und Papa und meinen Geschwistern ein schönes Zuhause habe. Danke schön, dass Papa Arbeit hat und dass wir deshalb alles haben, was wir brauchen.

Danke schön, dass Mama gesund ist und deshalb immer für uns da sein kann. Danke schön, dass meine Schwester und mein Bruder und ich gesund sind und in den Kindergarten und in die Schule gehen dürfen.

Danke schön, dass du auch unsere Seele versorgst, mit allem, was sie braucht - in der Kirche und in der Sonntagsschule und im Religionsunterricht - und so. Papa sagt, dass das mindestens genauso wichtig ist wie das tägliche Brot. Wenn ich größer bin, würde ich das noch besser verstehen.

Danke schön, lieber Gott, für alles. Ich glaube, wenn man erst mal anfängt, kann man überhaupt nicht aufhören „Danke" zu sagen.

Lieber guter himmlischer Vater,

ich bitte dich herzlich, gib uns das auch in den nächsten Tagen und noch länger. Und ich bitte dich ganz besonders herzlich, gib das auch all meinen Freunden und Bekannten, die das nicht haben, die Hunger haben müssen oder denen sonst etwas fehlt, was sie nötig brauchen.
- Susannes Mutter zum Beispiel - damit sie auch „Danke schön, lieber Gott" sagen können.

Und bitte, bitte, kannst du nicht dafür sorgen, dass nicht jedes Jahr so viele Millionen Kinder auf der Welt verhungern müssen?
Ich weiß, - Papa hat mir das erklärt - dass du dich da raushältst oder sogar raushalten musst, wegen dem freien Willen, den du den Menschen gegeben hast und so.

Aber was können die Kinder dafür? Könntest du nicht wenigstens bei denen, die was zu sagen haben (Papa sagt: die großen Bosse da oben) mal kräftig am Herz ziehen oder rütteln, damit es aufgeht oder weich wird – wenigstens für die Kinder?
Bitte!

Lieber himmlischer Vater,
ich bitte dich besonders für die Kinder,

- *die keinen Pudding zum Nachtisch haben, weil sie gar nicht wissen, was Nachtisch ist, weil sie froh sind, wenn sie überhaupt was zu essen haben,*
- *die kein Bett ordentlich machen, weil sie kein Bett haben, in das sie sich verkriechen können,*
- *die auch ihr Zimmer nicht aufräumen, weil sie keins haben, weil sie froh sind, dass ihre Familie nicht draußen schlafen muss,*
- *die von Turnschuhen nur träumen, weil sie froh sind, wenn sie ein Paar kaputte Latschen zum Anziehen haben,*
- *die nie beim Zahnarzt waren, weil es bei ihnen überhaupt keinen Arzt oder kein Krankenhaus gibt,*
- *die nie Hausaufgaben gemacht haben, weil sie gar keine Schule haben, auf der sie etwas lernen können,*
- *die sich nicht waschen, weil Wasser viel zu knapp und deshalb zu kostbar zum Waschen ist,*
- *die nie eine Chance bekommen, so zu leben wie ich.*

Lieber guter himmlischer Vater,

ja das will ich gerne bitten, da hab' ich kein Problem mit. Ich bin ja noch jung und will eigentlich nie richtig böse sein. Wenn mal etwas daneben gegangen ist, tut es mir meistens auch gleich schon leid. Das kommt oft so ganz von selbst, so ohne Nachdenken.

Und Mama und Papa wissen das, sie kennen mich ja. Und wenn sie dann mal traurig oder böse mit mir sind, weil ich ungezogen war, dann dauert das meistens nicht lange: Mir tut es leid und sie wollen ja nicht böse mit mir sein.
Und dann könntest du mir das doch auch vergeben, oder?
Ich weiß, dass dich so etwas auch traurig macht, aber ich will dich ganz bestimmt nicht traurig machen, und Mama und Papa auch nicht.

Denn wenn jemand wegen mir traurig oder sogar böse ist, dann bin ich ja Schuld daran - und da fängt die Sünde eigentlich schon an, hat mir meine Mama erklärt.

Das wäre wie ein kleiner Riss zwischen uns. Und bevor der größer wird, muss das ganz schnell wieder in Ordnung kommen.

Ich verspreche dir, ich will versuchen mich zu bessern. Deine Gebote? - Ja, die kenne ich ja. Auch, wenn ich manchmal ein bisschen neidisch auf die Barbara bin und auf das, was sie alles hat – dann ist das eigentlich nicht so richtig neidisch, weil ich ja zufrieden bin, ganz ehrlich.

Und ich hab auch noch nicht gelogen – jedenfalls noch nicht oft und auch nicht so richtig - und ermordet hab' ich auch noch keinen.

Papa meint, es gäbe auch noch andere Gebote, zum Beispiel das erste.

Ich wusste, dass er das sagen würde. In meinem Zimmer hängt nämlich ein Riesenposter von einem Popstar, den finde ich einfach Klasse: seine Musik finde ich Klasse, den Typ finde ich Klasse – einfach alles, was er macht. Und wenn ich mir dann eine CD von ihm abspiele, so richtig voll drauf, dann - ja, dann vergesse ich alles: Mama und Papa, die Schule und die Hausaufgaben, meine Freunde - ja sogar dich: Letzten Sonntagmorgen hatte ich zum Beispiel deswegen überhaupt keinen Bock auf Kirche – Macht dich das auch traurig? Ist das schon so etwas wie ein Nebengott? Papa sagt, wo man sein Herz hat, da hat man auch seinen Schatz.

Ich glaube, da muss ich noch viel drüber nachdenken.

Sei mir bitte nicht böse,
dass ich ...

Es tut mir leid!

Hab ich unrecht heut getan,
sieh es lieber Gott nicht an.
Deine Gnad und Christi Blut
machen allen Schaden gut.

Jeden Schritt und jeden Tritt
geh du, lieber Heiland, mit.
Gehe mit mir ein und aus,
führe selber mich nach Haus.

(aus Omas Poesiealbum)

wie auch wir vergeben unsern Schuldigern

Lieber guter himmlischer Vater,

jetzt wird's mir wieder einmal schwer so zu beten, denn mein Papa hat mir den Zusammenhang dieses Satzes erklärt:

Wenn ich dich bitte mir zu vergeben - das tue ich gerne, weil es mir ja leid tut, was da zwischen uns nicht in Ordnung ist.

Aber du verzeihst mir dann nur so viel, wie ich anderen auch das vergebe, was sie mir getan haben, wenn sie mir weh getan haben oder mich traurig gemacht haben?!

Auch unserem Mathe-Lehrer, der mich in der letzten Woche so ungerecht behandelt und bestraft hat - und das nicht zum ersten Mal?

Auch dem Heiner, der uns immer in der Schule ärgert? Aber der ärgert uns immer wieder, auch wenn ich ihm vergeben würde, der ist nun mal so!

Sieben mal siebzig mal soll ich ihm vergeben, also immer! hat der Herr Jesu gesagt, hat Papa gesagt. Das schaff ich nie, das kann ich einfach nicht !

Aber der Herr Jesu hat's auch vorgemacht, sagt Papa. Er hat sogar denen vergeben, die ihn ans Kreuz genagelt haben: Sie hätten ja keine Ahnung gehabt, was sie da getan hätten.

- Heiner vergeben?
- Sieben mal siebzig mal!

Aber er ist ja auch dein Sohn, und er war damals viel älter als ich. Da hat er das lernen können und er hatte auch bestimmt mehr Kraft als ich.

Lieber guter himmlischer Vater !

Ich weiß zwar nicht, wie - und ich weiß auch nicht, ob ich das überhaupt mal schaffe, aber ich will das auch versuchen, ich will das lernen, weil das ja sonst nicht funktioniert, wenn ich bete: „Vergib uns unsere Schuld, wie auch wir vergeben unsern Schuldigern".

Hilf mir bitte dabei, dass ich das doch vielleicht einmal kann.

Vielleicht weiß ja der Heiner auch nicht, was er tut.

vom ^(m)sich Vertragen

Ich will mich vertragen mit:

Papa hat gesagt, ich darf mit allem zu dir kommen:

Lieber himmlischer Vater,
du kennst meine Probleme in der Schule,
besonders in Mathe.
Ich bemühe mich und bemühe mich
und lerne und lerne,
aber es wird nie was Richtiges daraus.
Morgen schreiben wir eine Klassenarbeit.
Du weißt, wieviel ich dafür gelernt
und geübt habe.
Trotzdem habe ich Angst vor morgen.
Lieber himmlischer Vater,
leg bitte auf das, was ich gelernt habe,
deinen Segen -
lass mich nicht allein. Wenn du bei mir bist,
wenn ich das weiß, habe ich keine Angst.
Danke auch, dass ich in Deutsch und Englisch
und sonst keine Schwierigkeiten habe.

Papa hat gesagt, ich darf mit allem zu dir kommen:

Lieber himmlischer Vater,

heute hatten wir Streit –
erst Papa mit Mama,
dann Mama mit mir,
dann ich mit meinem Bruder
und mit meiner Schwester,
dann wir auch mit Papa.

Wir haben uns zwar wieder vertragen,
aber das Schimpfen und Zanken
hat uns allen weh getan.
Trotzdem fangen wir
immer wieder damit an.

Hilf uns bitte, gut zu einander zu sein
und Frieden zu haben.

Papa hat gesagt, ich darf mit allem zu dir kommen:

Du - himmlischer Vater,
vor kurzem habe ich Markus kennen gelernt.
Er ist cool. Ich muss dir sagen,
ich finde ihn irgendwie klasse.
Und wenn ich ihn sehe,
bin ich immer ganz aufgeregt.
Mama spricht von Schmetterlingen im Bauch
und von erster Liebe. -
So'n Quatsch, ich bin erst 11. - Oder doch?
Aber Mama findet Markus nicht so gut wie ich.
Sie meint, er wäre nicht der
richtige Umgang für mich.
Markus geht schon auf Partys
und er raucht schon,
aber er ist auch schon 16.
Viel zu alt für mich, meint Mama.
Was meinst du? Kannst du mir da helfen?
Wenn Markus nichts für mich ist,
wie Mama meint,
dann lass auch nichts daraus werden. OK?
Aber sonst ...

Und führe uns nicht in Versuchung

Lieber guter himmlischer Vater,

nee, so richtig hab' ich das lange nicht verstanden, und ob ich das inzwischen so ganz begriffen habe, weiß ich auch nicht.

Warum soll ich dich bitten, mich - oder uns - nicht in Versuchung zu führen, wo wir in der Sonntagsschule und im Religionsunterricht gelernt haben, dass es der Teufel ist, der uns versucht oder versuchen will und nicht du. Oder doch? Aber warum?

Papa hat mir erklärt, dass es so ähnlich ist wie in der

Schule. Auch da gibt es Versuchungen, unterschiedliche Versuchungen.

Da gibt es Versuchungen, auf die man besser nicht hört, weil sie einem nur Ärger machen oder sonst wie schaden:

Quatsch machen statt aufpassen und mitmachen, Hausaufgaben „vergessen", zu spät kommen oder sogar mal schwänzen, Entschuldigungen erfinden ... und so. Papa guckt mich, als er mir das erklärt, ganz ernst an. O, ich glaub', er kennt mich ganz genau und mir wird schon ein bisschen mulmig zumute - so ein bisschen ein schlechtes Gewissen.

Und dann gibt es auch Versuchungen, sagt er, die einfach sein müssen, wo die Lehrer versuchen herauszufinden, ob wir alles verstanden haben, ob wir gut sind oder noch nicht so gut. Das sind dann die Prüfungen. Und wer was erreichen will, z.B. einen bestimmten Schulabschluss, muss eben öfter geprüft werden, in Tests und Klassenarbeiten. Und außerdem weiß man danach auch selber, ob man alles kann und alles begriffen hat.

Klar, das verstehe ich. Aber trotzdem schreit die ganze Klasse bestimmt „Nein", wenn der Lehrer fragen würde: „Sollen wir eine Klassenarbeit schreiben?"
Und es kommt bestimmt keiner auf die Idee den Lehrer zu bitten: „Prüf mich mal."

Im Gegenteil, wir sagen immer: „Muss das denn sein?" oder „Können wir die Arbeit nicht verschieben?" oder mindestens „Machen Sie die Aufgaben nicht so schwer.

Und genauso oder so ähnlich, sagt Papa, ist das mit den Versuchungen, die vielleicht von dir kommen:

Die Versuchungen, die vom Teufel kommen, denen geht man am besten aus dem Weg. Da muss man meistens nur mal auf sein Gewissen hören. Aber trotzdem hat man oft große Schwierigkeiten damit.

Und die Versuchungen, die du zulässt oder die von dir kommen, die müssen sein, die sind wie Prüfungen in der Schule. Die müssen immer wieder mal sein, damit wir auch selber wissen, was wir können oder was nicht, was wir begriffen haben - oder was nicht. Und wir haben ja auch ein ganz großes Ziel:
Wir möchten doch mit dir und Jesus zusammen im Himmel sein.

Papa sagt: Bei den Erwachsenen heißt das: „Keiner kommt ungeprüft in den Himmel." Der liebe Gott möchte Überwinder haben - und das sind „Prüfungsbesteher", so wie der Noah und der Abraham. Die hätten ihre Prüfungen mit Glanz und Gloria bestanden.

Prüfungsbesteher Noah

Trotzdem, auch wenn das alles vielleicht nötig ist, dürfen wir den lieben Gott fragen: „Muss das denn sein?" oder „Können wir die Prüfung nicht verschieben?" Oder wir dürfen ihn bitten: „Mach doch die Prüfung nicht so schwer." - Das alles liegt in der Bitte: Und führe uns nicht in Versuchung.
Und Papa meint, dass es außerdem Sinn macht, immer wieder so zu beten, damit du siehst, dass es mir nicht egal ist mit der Versuchung und schon gar nicht egal, wie ich damit fertig werde.

Und was so eine richtige Versuchung ist, das kenne ich, da hab' ich schon meine Probleme mit.

Auch wenn ich ganz genau weiß, dass das oft nicht richtig ist, was ich tun möchte - ich hab so manche Idee im Kopf, was ich liebend gerne anstellen möchte. Aber wenn ich dann weiß, dass das Mama und Papa gar nicht gefallen wird, dann lass ich das lieber - meistens.

Aber manchmal ist das so unwiderstehlich, dass ich gar nicht mehr richtig nachdenken kann.

Wenn ich da wüsste: Du bist bei mir; ich brauche mich nur an deiner Hand festzuhalten - das wäre schon eine große Hilfe, glaube ich.

Ich habe dir ja schon erzählt, wie es mir da öfters geht. Papa sagt, dass das ganz normal ist, dass jeder so seine ganz persönlichen Versuchungen hat – er auch und Mama auch - und dass das auch nicht aufhört:

Wenn man glaubt, dass man mit einer Versuchung fertig ist, kommen andere, neue. Das sind ja schöne Aussichten! - Könntest du nicht dafür sorgen, dass es gar keine Versuchungen mehr gibt?! - Aber ich glaube, das wäre zu einfach wegen dem freien Willen und so.

Du willst doch bestimmt, dass ich freiwillig auf etwas verzichte, was du nicht in Ordnung findest.

Daran will ich besonders denken, wenn ich bete:

„Und ich gebe dir noch einen besonderen Tipp", sagt Papa. „Man darf den lieben Gott auch um Hilfe bitten. Um Hilfe in den Versuchungen des Teufels, aber auch um Hilfe, wenn er uns prüft."
Und deshalb betet er im Stillen immer noch mit:
„Und führe uns **in der** Versuchung. Nimm uns an deine Hand."
Bitte, nimm mich an die Hand, damit ich das auch immer weiß.

Mama und Papa haben das früher auch gemacht, damit ich lernte, wo ich her gehen musste, damit es nicht gefährlich wurde - manchmal machen sie das auch heute noch. Rüttel mich bitte, wenn ich über meinen Popstar mal wieder alles vergesse.

Papa sagt, am schlimmsten sind die Versuchungen, die man gar nicht so merkt: Er nennt sie die „das-ist-doch-nicht-so-schlimm-Fälle". Er meint, dass man da am meisten aufpassen muss.

Ja bitte, himmlischer Vater, hilfst du mir dabei?

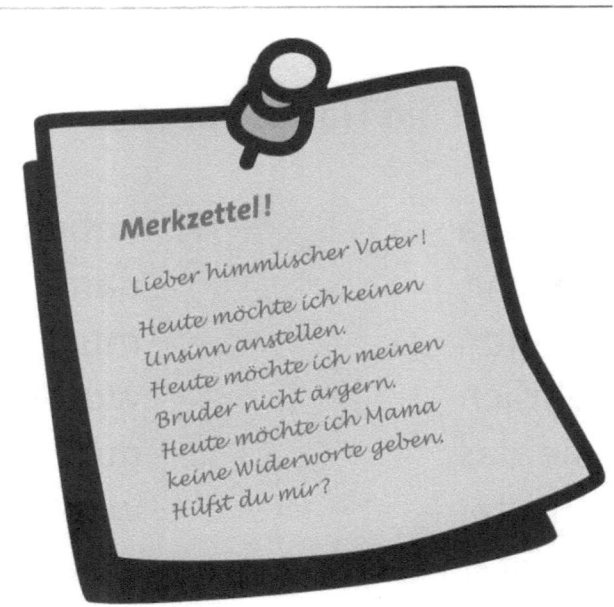

sondern erlöse uns von dem Bösen

Lieber guter himmlischer Vater,

ja, ich hab das begriffen, dass du so ab und zu auch mal die eine oder andere Versuchung zulässt, so wie eine Art Zwischenprüfung - wie in der Schule eine Klassenarbeit. Der Lehrer und auch du - ihr wollt dann wissen, wie weit wir sind: mit unseren Kenntnissen und mit unseren Fähigkeiten.
Und wir bekommen das dann auch gleich bescheinigt: Das hast du gut gemacht - da hast du noch Schwächen, da musst du noch dran arbeiten.

Bei dir gibt es zwar keine Zensur, aber ich weiß sofort und ganz genau, ob ich durch so eine Prüfung durchgerasselt bin und wo es mal wieder nicht gereicht hat.

Das letzte Mal war das, wo ich so richtig schadenfroh war, als der Heiner - du kennst ihn ja inzwischen - ausrutschte und in so ein richtiges Dreckloch fiel.

Ich hätte ihm besser geholfen. (Das hab ich aber erst später gedacht.)

Mama sagt, das ist das Gewissen, das sich da meldet, das funktioniert besser als jede Zensur, man muss nur richtig darauf achten.

Lieber guter himmlischer Vater,

wenn in der Schule etwas noch nicht so klappt, wie es sollte, dann gehe ich zu Mama oder Papa oder zu Mitschülern. Die helfen mir dann mit meinen Fehlern. Als ich mal etwas überhaupt nicht kapieren konnte, habe ich auch mal Nachhilfe bekommen.

Mama hat mir gesagt, dass ich mit all meinen Fehlern und schlechten Eigenschaften zu dir kommen kann und dass du mich davon frei machen kannst, weil dein lieber Sohn durch sein Opfer auch dafür gesorgt hat ... wenn ich nur will.

Ja, das will ich, guter himmlischer Vater,

mache mich frei von alledem, was da nicht gut ist - und hilf mir, dabei mitzuhelfen. Gib mir ein bisschen Nachhilfe.

Gib mir ein bisschen Nachhilfe

denn dein ist das Reich

Lieber guter himmlischer Vater,

ich glaube, jetzt sind wir wieder am Anfang: Dein
Reich komme!

Es hat bestimmt viele Reiche und Zeiten auf der Erde
gegeben, die auch schön waren, wo die Menschen auch
glücklich waren - wenigstens die meisten – und wo viele
zufrieden lebten.
Aber bisher sind alle diese Reiche irgendwann und
irgendwie einmal zu Ende gewesen und untergegangen
und verschwunden.
Und unser Geschichtslehrer hat uns erzählt, dass es
immer auch schlimme Zustände gegeben hat, auch

wenn man in den Geschichtsbüchern nichts darüber liest, und dass es immer auch Arme, Unglückliche, Traurige und auch Böse gegeben hat.

Obwohl es ja bei uns eigentlich schön ist und ich und meine Freunde uns eigentlich ganz wohl fühlen, ist das ja auch heute noch so, das sieht man auch immer wieder im Fernsehen,

Und deshalb freue ich mich, dass DEIN Reich kommen soll und deshalb bitte ich auch darum - weil es eben DEIN Reich ist.

Und ich hoffe, nein ich glaube, das ist dann etwas ganz Besonderes –

Papa hat versucht mir das zu beschreiben - etwas Vollkommenes, etwas Wunderschönes, wo sich alle wohl fühlen – das löst sich nicht irgendwann auf, das geht nicht unter - denn du bist doch allwissend und allmächtig

Ich stelle mir vor, das alles gibt
es in deinem Reich:

_____

_____

_____

_____

und die Kraft

Lieber guter himmlischer Vater,

ich kann mir vorstellen, dass du dann in so einer voll-kommenen Welt auch vollkommene Menschen haben willst, damit sie nicht wieder alles kaputt machen.

Das würde ich an deiner Stelle auch wollen. Deshalb sollen wir wohl auch vollkommen werden. Hat der Herr Jesus gesagt, hat (du weißt schon) Papa gesagt.

Aber obwohl ich noch jung bin, weiß ich schon, dass das gar nicht so einfach ist, und ich weiß auch nicht, ob ich das überhaupt irgendwann einmal schaffe:

Vollkommen sein? Keinen Fehler mehr machen?

Und keine Fehler mehr haben?
Kann ich mir echt nicht vorstellen.

Mama sagt, dass das kein Mensch aus eigener Kraft schaffen wird -dann wäre er ja wie du, lieber Gott!

Klingt irgendwie logisch.

Und deshalb brauchen alle, die das überhaupt schaffen wollen, weil sie nämlich in dein Reich kommen wollen, dazu eine besondere Kraft - DEINE Kraft, die so groß ist, dass sie alles machen kann. Die es bestimmt auch schaffen könnte, dass ich mich ändere – oder wenigstens meine guten Vorsätze einhalten könnte. Das wäre ja schon mal etwas.

Kann man deine Kraft auch trainieren?

Bitte, guter Vater, gib mir diese Kraft!
Und was ich dann trotzdem nicht hinkriege, bring das bitte in Ordnung. Du kannst das bestimmt, denn deine Kraft ist ja auch die Gnade, und die macht allen Schaden gut, sagt Mama. Die haben wir zwar nicht verdient, aber du schenkst uns diese Gnade, weil du uns so lieb hast.

Und ich glaube, dass das so ist, weil du alles kannst und du mich lieb hast und ich dich lieb habe. Ich weiß, das habe ich schon gesagt, aber ich wüsste auch nicht, wie ich das anders verstehen und erklären sollte.

Mama sagt:
Gnade heißt

G ottes
N ähe
A uf
D ieser
E rde

so nah,
dass ich dich spüren kann?

und die Herrlichkeit

Lieber guter himmlischer Vater,

ich glaube, jetzt muss ich passen: Wie soll ich mir die Herrlichkeit vorstellen?

Ich kenne viele schöne Sachen; ich kenne viel Schönes, was ich liebe; ich kenne viele Situationen, wo ich sage: toll, ganz große Klasse - oder prima und großartig oder herrlich.

Ich finde mein Zimmer ganz toll, mit all den Sachen, die ich mag. Ich finde es schön, wenn wir alle zusammen, Mama und Papa, Oma und Opa, Onkel Paul und Tante Erika, mit meinen Geschwistern und mit meinen Freundinnen Sabine und Anna etwas unternehmen, darauf freue ich mich auch schon Tage vorher.

Und ich finde es herrlich, dass wir uns alle, in der Familie, in unserer Gemeinde, mit unseren Freunden so wunderbar verstehen.
Ich finde es schön, ja ich finde es herrlich, dass ich überhaupt Freunde und Geschwister habe, dass ich dich, lieber guter himmlischer Vater habe.

Aber eine ganze Herrlichkeit? - wirklich, das kann ich mir einfach nicht vorstellen.
Und wenn ich dann höre, wie der Apostel Johannes das „himmlische Jerusalem" beschrieben hat, mit gold'nen Gassen und aus Perlen und aus Edelsteinen - ehrlich: dann weiß ich gar nicht einmal, ob ich das so toll finde.

Papa sagt, dass der Apostel Johannes auch Mühe hatte,

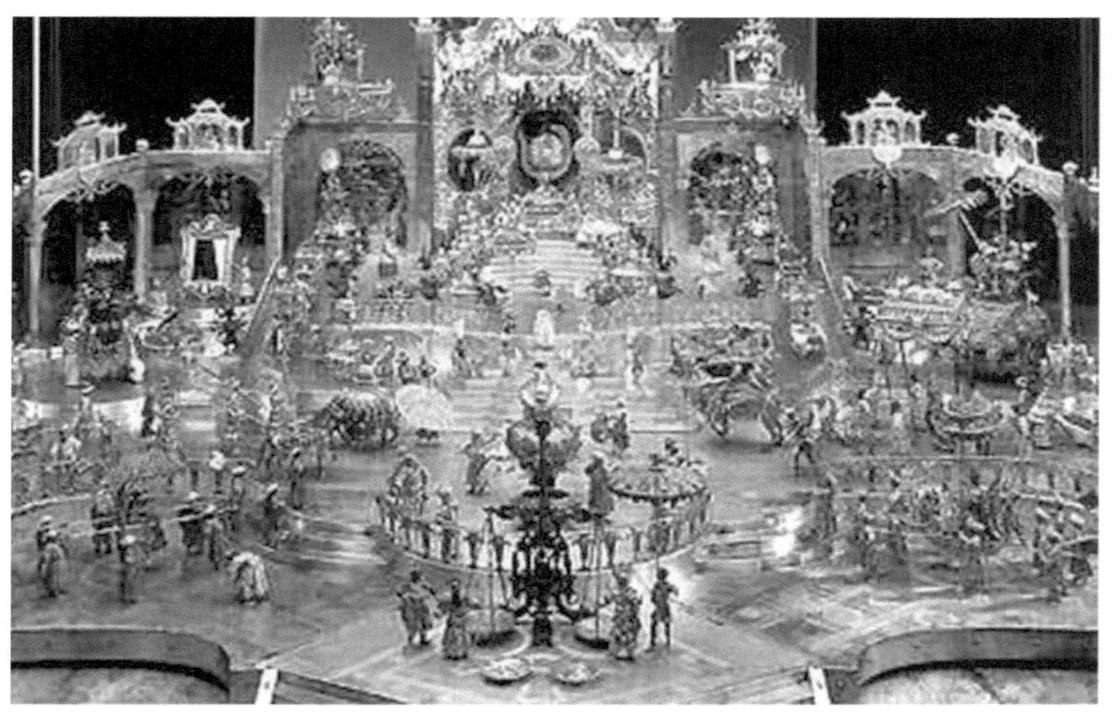

Eine Stadt aus Gold und Edelsteinen? Zum Spielen - ok,,
aber zum Wohnen?

die Herrlichkeit deiner Stadt zu beschreiben, und dass er deshalb solche wertvollen Sachen wie Gold und Edelsteine zu Hilfe nahm.

Ich soll mich ganz einfach überraschen lassen von deiner Herrlichkeit, die du für uns, deine Kinder schaffen wirst. Und er meint, dass ich eins auf jeden Fall feststellen werde: Nicht halb so viel davon haben wir uns vorstellen können - bei aller Fantasie.

Lieber guter himmlischer Vater,

ich freue mich darauf, weil ich dann auch Oma und Opa wiedersehen kann, die vor einem Jahr gestorben sind - sagt Papa. Die fehlen mir oft, weil ich sie ganz, ganz lieb hatte, und sie haben mir immer Geschichten erzählt, aufregende und spannende Geschichten und auch Geschichten von dir und von deinem Sohn, dem Herrn Jesus.

Ich lasse mich gerne überraschen, und erst recht von dir, und erst recht, wenn es um die versprochene Herrlichkeit bei dir geht, denn die geht ja schließlich bis ...

in Ewigkeit

Lieber guter himmlischer Vater,

Ewigkeit - ich versuche gar nicht, mir das vorzustellen.

Ich hab da schon in der Schule in Mathe Probleme, mir die Unendlichkeit vorzustellen.

Und ich kenne auch die Geschichte, wo ein Vogel versucht, mit seinem Schnabel Körnchen für Körnchen einen hohen Berg abzutragen - und wenn er das geschafft hat, ist eine Sekunde der Ewigkeit vergangen - Aber das hilft mir auch nicht dabei, mir die Ewigkeit vorzustellen.

Aber trotzdem: Nach allem, was ich von dir weiß, was ich von dir gehört und mit dir erlebt habe, möchte ich einmal, nämlich in der großen Herrlichkeit für immer bei dir sein und zwar mit allen, die ich lieb habe. Ja, ich glaube, das könnte ich mir doch schon vorstellen - so ungefähr wenigstens. Darum bitte ich dich ganz herzlich:

Amen! -

Ja, so soll es sein!

Anhang

Müde bin ich, geh zur Ruh,
schließe beide Augen zu.
Vater lass die Augen Dein
Über meinem Bette sein !

Alle, die mir sind verwandt,
Gott lass ruh'n in Deiner Hand.
Alle Menschen, groß und klein,
sollen Dir befohlen sein.

Kranken Herzen sende Ruh,
nasse Augen schließe zu.
Lass den Mond am Himmel steh'n
Und die stille Welt beseh'n.